Regine Beatrix Dreyer

Die 15 großen Mittel für das Pferd

Copyright: © Regine Beatrix Dreyer/2016
VETBioresonanz
Thüringer Str.10
36142 Tann

Lektorat: Erik Kinting | www.buchlektorat.net
Umschlag & Satz: Sabine Abels | www.e-book-erstellung.de

Erschienen bei tredition GmbH, Hamburg
978-3-7345-8281-3 (Paperback)
978-3-7345-8282-0 (Hardcover)
978-3-7345-8283-7 (e-Book)

Bibliografische Information der Deutschen Nationalbibliothek:
Die Deutsche Nationalbibliothek verzeichnet diese Publikation in der Deutschen Nationalbibliografie; detaillierte bibliografische Daten sind im Internet über http://dnb.d-nb.de abrufbar.

DIE AUTORIN

Die Heilpraktikerin Regine Beatrix Dreyer ist eine renommierte Bioresonanz-Expertin. Aus Überzeugung und Liebe hat sie sich auf die Analyse von Pferden und Hunden spezialisiert. Sie betrachtet jedes Tier als Individuum, gibt ihm eine Stimme und ermöglicht dem Halter ein tieferes Verständnis für seinen Liebling. Die Kraft für ihr Engagement schöpft sie aus der kostbaren gemeinsamen Zeit mit ihren eigenen Pferden, ihrer Nähe und ihrem Vertrauen.

INHALT

VORWORT

Wann werden unsere Pferde krank?

Am Wochenende und in den Abendstunden. Ein Blick in die Stallapotheke führt schnell zu der Erkenntnis, dass das passende homöopathische Mittel nicht vorhanden ist. Die ungewöhnlichsten Mittel, die vor Jahren angeschafft wurden, lagern dort, sind aber jetzt vollkommen nutzlos.

Was gehört in eine gut sortierte homöopathische Stallapotheke? Welche Mittel benötigen wir bei unseren Pferden regelmäßig? Und wofür setzen wir diese ein? Das Durchforsten Deiner Bücher zum Thema Homöopathie für Pferde oder passender Seiten im Internet hinterlässt viele Fragen, eine Menge Verwirrung und wenig umsetzbare Antworten. Aus diesem Grund habe ich für naturheilkundlich interessierte Pferdebesitzer meinen Ratgeber 15 Freunde – die 15 großen Mittel für das Pferd verfasst. In ihm lernst Du den Charakter der wichtigsten Homöopathika für Pferde kennen, ihre Einsatzbereiche und die passende Dosierung. Die Mittel erhältst Du online oder in der Apotheke vor Ort. Die Kleinstmenge von 1 g ist für Deine Stallapotheke ausreichend.

Mit diesem Buch wirst Du in der Lage sein, Deinem Pferd in vielen Fällen selber zu helfen oder die Wartezeit bis zum Eintreffen des Tierarztes sinnvoll zu überbrücken.

ACONITUM
der giftige Eisenhut

Das **Aconitum-Pferd** befindet sich in der allerersten Phase einer Entzündung. Seine Haut und Schleimhäute sind heiß, rot, ohne auffallende Schwellung, aber bereits sehr schmerzhaft.

Häufig wird die Symptomatik durch kalten, trockenen Wind oder Zugluft, manchmal durch ein Schockerlebnis ausgelöst.

Der Puls Deines Pferdes ist erhöht, es leidet unter Atemnot, hat Fieber, ist ängstlich, sehr durstig und erschöpft. Anstrengungen verschlechtern den Zustand. Dein Pferd möchte alleine sein und sucht sich einen ruhigen Platz in der Box oder dem Offenstall.

APIS MELLIFICIA
die Honigbiene

Apis-Pferde leiden unter akuten Entzündungen und Schwellungen, die in ihren Beschwerden und dem Aussehen einem Bienenstich ähneln. Die Haut ist gerötet und es kann sein, dass, wenn Du auf das stark geschwollene Gewebe drückst, eine Delle zurückbleibt. Dein Pferd reagiert sehr empfindlich auf die Berührung der betroffenen Stelle. Es geht ihm besser durch Kälte in jeder Form (Kühlpads, kaltes Wasser) und etwas Bewegung im Freien. Wärme verschlechtert seine Schmerzen. Im schlimmsten Fall reagiert es allergisch auf einen Insektenstich oder es hat Fieber mit Schüttelfrost.

Deine Stute ist tragend, Dir ist bekannt, dass Dein Liebling eine Allergie gegen Bienengift hat? In diesen Fällen verzichte bitte auf den Einsatz von Apis.

BELLADONNA ATROPA
die tolle Kirsche

Belladonna-Pferde befinden sich in einer frühen Phase aller möglichen entzündlichen Erkrankungen.

Ihre Symptome tauchen plötzlich und überraschend auf, wie aus dem Nichts. Die Entzündungen entwickeln sich sehr schnell, vorhandenes Fieber steigt rapide an. Alle betroffenen Gewebe (z. B. Schleimhäute des Halses, die Bindehaut des Auges, ein Gelenk) sind dunkelrot und geschwollen, brennend heiß.

Dein Pferd zeigt durch den heftigen Schmerz und die explosive Entwicklung der Krankheit Anzeichen von Panik, reagiert mit Angst auf alles und jedes und will nicht berührt werden, beißt evtl. sogar nach seinem Besitzer.

Es braucht eine warme Decke und eine ruhige Umgebung. Eine Erleichterung aller vorhandenen Beschwerden entsteht in dem Moment, in dem Dein Pferd anfängt zu schwitzen.

NUX VOMICA
die Brechnuss

Nux-vomica-Pferde haben vielfältige Beschwerden, die dem kompletten Verdauungstrakt, z. B. Magen, Darm oder Leber, zugeordnet werden können. Sie leiden unter den Folgen von falschem Futter, verdorbenem Futter oder Stress.

Das Pferd hat Durchfall oder Verstopfung, sein Bauch und der Rücken sind angespannt. Es kann jedoch auch sein, dass es nervös ist, eine Entzündung in den Atemwegen hat, sich häufig wegen seines Juckreizes scheuert. Die Symptome haben akuten oder chronischen Charakter.

SULFUR
der explosive Schwefel

5

Das **Sulfur-Pferd** benötigt eine Reinigung seines Körpers, eine chronische unbewegliche Situation muss wieder in Schwung gebracht werden, z. B. eine Blockade, die durch die langfristige Gabe chemischer Medikamente zustande gekommen ist. Weil die Entgiftungsleistung seines Körpers eingeschränkt ist, riechen nicht nur alle seine Ausscheidungen sehr unangenehm, sondern oft auch das Pferd selber.

Trotz bester Pflege ist sein Fell struppig, fettig und schuppig. Das **Sulfur-Pferd** sieht ungepflegt und krank aus. Es verhält sich – ausgelöst durch einen starken Juckreiz und eine große, innere Hitze – ungeduldig und ungestüm, nutzt jede Möglichkeit zum ausgiebigen Scheuern von Mähne und Schweif.

Die Anwendung von Wasser, das Abspritzen im Sommer verschlechtert seine Beschwerden. Wohl fühlt es sich auf der Koppel bei angenehmem Wetter oder während eines Ausrittes an der frischen Luft.

ARNICA MONTANA
der geliebte Bergwohlverleih

Das **Arnica-Pferd** hat sich verletzt, eine Quetschung erlitten, einen Bluterguss, es ist gestürzt oder hat nach einer Auseinandersetzung mit einem anderen Pferd kleine Wunden und Hämatome.

Es sucht sich einen ruhigen Platz, will sich nicht bewegen und empfindet Berührungen als unangenehm. Es benötigt die Globuli in der akuten Situation sofort.

Deshalb ist es gut, wenn Arnica-Globuli in der Stallapotheke vorhanden sind.

PULSATILLA
die anhängliche Küchenschelle

Die Erkrankungen von **Pulsatilla-Pferden** entwickeln sich langsam. Betroffen sein können bei ihnen u. a. die Augen, Ohren, die oberen und unteren Atemwege, die Lymphdrüsen, die Haut und der Magendarmtrakt. Eine häufige Ursache der Entzündung des **Pulsatilla-Tieres** liegt in einer Durchnässung (z. B. durch einen langen Weideaufenthalt im Regen) mit anschließender Auskühlung.

Das Besondere an der Symptomatik des Pulsatilla-Pferdes ist, dass alle Schleimhäute mit Bakterien infiziert sind, Eiter vorhanden ist. Rufe aus diesem Grund bitte unbedingt einen Tierarzt, wenn die Globuli nach kurzer Zeit keine Entlastung bewirken.

Zu beobachten sind bei Deinem **Pulsatilla-Pferd** nicht wundmachende Absonderungen von gelblicher bis grünlicher Farbe und zäher Konsistenz. Sie lösen sich schwer und belasten besonders am Morgen das Wohlbefinden Deines Lieblings, aber ein Aufenthalt im Freien bei leichter Bewegung bessert alle Beschwerden.

Dein Pferd sucht während der Krankheit häufig Deine Nähe. Er möchte getröstet werden und erträgt brav eventuelle Behandlungen.

LACHESIS

die unruhige Buschmeisterschlange

Das **Lachesis-Pferd** leidet unter dunkelroten oder blauroten Entzündungen, Geschwüren und Abszessen, die nässen und bluten sowie dazu neigen, sich aggressiv auszubreiten.

Es wandert trotz Fieber und intensiver Erschöpfung im Stall herum, ändert ständig seine Lage und reagiert wegen seiner Schmerzen auf Berührung sehr empfindlich.

Typisch ist bei dem **Lachesis-Pferd**, dass die Beschwerden häufig im Schlaf entstehen oder sich im Schlaf verschlechtern.

Fieber, Atemnot, ein schwacher Puls und heftige Aggressionen können seine Erkrankung begleiten.

RHUS TOXICODENDRON
der gelenkige Giftefeu

Die Schmerzen des **Rhus-toxico-dendron-Pferdes** werden durch eine Erkältung, Durchnässung, Regen, Sturm, Überanstrengung oder eine Verletzung ausgelöst oder verschlimmert. Häufig sind **Rhus-toxicodendron-Pferde** alt und haben Abnutzungserscheinungen der Gelenke. Nachdem sie länger gelegen haben, ist das Aufstehen für sie unangenehm, weil die Gelenke schmerzen und steif sind. Mit der Bewegung lässt ihre Lahmheit nach, im Sommer sind ihre Beschwerden unauffälliger als im nasskalten November.

Es kann sein, dass **Rhus-toxicodendron-Tiere** unter Hautausschlägen mit Pusteln und starkem Juckreiz leiden, eine Blasenentzündung, Fieber und Rückenschmerzen haben.

In jedem Fall erhält ein **Rhus-toxicodendron-Pferd** durch Wärme und leichte Bewegung eine Linderung seiner Beschwerden.

HEPAR SULFURIS
die eiternde Kalkschwefelleber

Bei dem **Hepar-sulfuris-Pferd** hat sich, meistens durch den Biss eines anderen Pferdes oder eine andere Verletzung, ein Abszess gebildet. Dieser ist sehr schmerzhaft bei Berührung, aber er öffnet sich nicht, der Eiter kann nicht abfließen. Manchmal sind die Lymphknoten, die in der Nähe liegen, geschwollen und verhärtet. Der wenige Eiter, der austritt, stinkt nach Käse, ist dick und gelb.

Bei dem **Hepar-sulfuris-Tier** kann der Eiter nach außen abfließen, es leidet nie unter einer bakteriellen Infektion in einem geschlossenen Bereich, z. B. dem Gelenk oder einer Zahnwurzel.

Durch den Schmerz und die Entzündung ist das Pferd gereizt und überempfindlich. Weil ihm kalt ist, es sich durch äußere Einflüsse gestört fühlt, erhält es Erleichterung durch eine ruhige Box und eine Decke.

ZINCUM METALLICUM
der ruhig machende Zink

Selten zur Ruhe kommt das **Zin-cum-metallicum-Pferd.** Immer ist es angespannt. Es erschrickt häufig durch Geräusche. Seine Unausgeglichenheit führt dazu, dass es manchmal im Ruhezustand zusammenzuckt, zittert und große Probleme hat einzuschlafen. Deshalb ist es am Tag müde und antriebslos.

Es hat evtl. Beschwerden ohne organische Ursache entwickelt, die eindeutig durch Stress verursacht werden. Manche **Zincum-metallicum-Pferde** haben außerdem Schmerzen, die von einem berührungsempfindlichen, schwach bemuskelten Rücken ausgehen und über den Rücken in den Kopf und die Beine ausstrahlen.

SILICEA
die flexible Kieselerde

Das **Silicea-Pferd** benötigt eine Unterstützung seiner Selbstheilungskräfte, damit seine Entzündungen und Wunden schneller zur Abheilung kommen. Möglicherweise hat es Gewebsverhärtungen (Narben, Fisteln), die aufgeweicht werden müssen, oder ein zu schwaches Gewebe (Knochenbrüche, empfindliche Haut, Zahnfleisch), das eine Verdichtung, Stärkung benötigt.

In manchen Fällen plagen langwierige Infekte mit Eiterneigung u. a. der Haut, der oberen Atemwege und der Ohren das **Silicea-Tier.**

Der Besitzer braucht bei der Gabe von Globuli Geduld, denn das **Silicea-Pferd** reagiert sehr langsam, zum Teil erst nach Monaten.

BRYONIA
die trockene Zaunrübe

Wenn sich die Symptome Deines Pferdes allmählich entwickeln, sich bei jeder Bewegung und Berührung verstärken, dann ist es möglicherweise ein **Bryonia-Pferd**. Besonders auffällig ist bei ihm, dass es großen Durst hat.

Die Schwellungen der kranken Gewebe zeigen keine Rötung, seine Schleimhäute sind trocken. Häufig leidet es unter starken Schmerzen im Rücken, den Muskeln, den Nerven oder den Gelenken, lahmt sehr deutlich und möchte sich auf keinen Fall bewegen.

Ruhe und kühlende Anwendungen schenken ihm eine Erleichterung der Symptome.

Manche **Bryonia-Pferde** werden zudem geplagt von Beschwerden der Atemwege.

CALENDULA
die hautfreundliche Ringelblume

Die Haut des **Calendula-Pferdes** ist wund, eitert leicht und hat eine schlechte Heilungstendenz. Es benötigt eine Linderung der Entzündungsprozesse, eine Vorbeugung gegen Infektionen und eine Förderung der Bildung von neuem Gewebe.

HARPAGOPHYTUM
die schmerzhafte Teufelskralle

Genauso wie das **Rhus-toxi-codendron-Pferd** leidet auch das **Harpagophytum-Pferd** an einer Arthrose der großen Gelenke (Hüfte, Knie, Kreuzdarmbeingelenk etc.) oder unter den Folgen einer Abnutzung der Bandscheiben.

Bei beiden liegen häufig Bewegungseinschränkungen und starke Schmerzen vor. Beiden helfen Wärmeanwendungen und warmes Wetter.

Die Symptome des **Harpagophytum-Pferdes** verbessern sich jedoch nicht in der Bewegung, sondern nur durch Ruhe.

LEGENDE

▶ **Häufiger Auslöser**

▲ **Verbesserung durch**

▼ **Verschlechterung durch**

ENTZÜNDUNGEN DER OBEREN ATEMWEGE (RACHEN, KEHLKOPF, NASE, NEBENHÖHLEN)

Die Schleimhäute der oberen Atemwege sind durch eine Infektion mit Viren oder Bakterien entzündet. Sie sind geschwollen, schmerzhaft, sondern eine Gewebeflüssigkeit ab, die wässrig bis dick, gelb und eitrig sein kann. Meist sind die Symptome auf das betroffene Gebiet begrenzt. Das Pferd leidet unter Halsschmerzen, Schluckstörungen, Schnupfen, niest, hat weniger Appetit und in manchen Fälle eine leicht erhöhte Bedürfnis nach Ruhe und Schlaf.

ACONITUM

Stadium 1

Schleimhäute heiß, rot, leicht geschwollen, Atemnot, schneller Puls, Fieber, Angst, viel Durst
► kalter Wind
▲ frische Luft, Ruhe
▼ warme Ställe, abends und nachts

BELLADONNA

Stadium 2

Schleimhäute heiß, dunkelrot, stark geschwollen, sehr
schmerzhaft, Fieber, große Reizbarkeit
▲ ruhige Umgebung
▼ Hitze

NUX VOMICA

Fließschnupfen an der frischen Luft, in warmen Ställen
verstopfte Nase
▲ kurzer Schlaf
▼ Kälte, Zugluft, Wind, Stress

HEPAR SULFURIS

Ausfluss massiv, dicklich gelb, festhaftende gelbe
Beläge auf den Schleimhäuten
▶ Kältereize
▼ abends und nachts

PULSATILLA

Milder, eitriger Ausfluss, gelb bis grün, zäh abgehend,
Pferd sehr anhänglich
▲ frische Luft, leichte Bewegung, Trost
▼ nachts

AKUTE BRONCHITIS

Erreger sind in die unteren Atemwege (die Bronchien, die die Luft von der Luftröhre in Richtung Lunge transportieren) eingedrungen, haben in diesem Bereich eine Entzündung, Verdickung der Schleimhäute verursacht. Das Pferd versucht durch Abhusten, das flüssige bis zähe Sekret, das von den Schleimhäuten gebildet wird, nach außen zu transportieren. Das Atmen fällt schwer, seine Leistungsfähigkeit ist deutlich eingeschränkt. Eine Besiedlung des Lungengewebes mit Erregern muss verhindert werden, genauso eine chronische Entzündung.

 ## ACONITUM

Stadium 1

Schleimhäute heiß, trockener, quälender Husten, wenig Ausfluss, fest, blutig, Atemnot, viel Durst
► kalter Wind
▲ frische Luft und Ruhe
▼ warme Ställe, abends und nachts

BELLADONNA

Stadium 2

bellender Husten mit ständigem Hustenreiz, wenig
Ausfluss, dünn weiß oder aus hellem, geronnen Blut,
große Reizbarkeit
▲ ruhige Umgebung
▼ Hitze

HEPAR SULFURIS

Rasselnder Husten, zäher, gelber Auswurf, Atemnot
► Kältereize
▼ abends und nachts

RHUS TOXICODENDRON

Quälende Hustenanfälle, klumpig, übel riechender
Auswurf
▲ Wärme, Bewegung
▼ Kältereize

PULSATILLA

Trockener, quälender Husten, morgendlicher, verstärkter Auswurf, weiß, schleimig, Atemnot
▲ frische Luft, leichte Bewegung, Trost
▼ nachts

28

 **BRYONIA**

Husten, trocken mit wenig, wässrigem Auswurf

▲ absolute Ruhe

▼ Bewegung

CHRONISCHE BRONCHITIS

Die akute Entzündung der Bronchien ist nicht vollständig abgeheilt. Es hat sich aus ihr eine dauerhafte Erkrankung der Bronchien entwickelt. Deren Schleimhäute sind ständig geschwollen, mit einem Entzündungssekret überlagert, wodurch weniger Atemluft in die Lunge gelangen kann. Deshalb wird das Pferd in späteren Stadien nicht nur durch den chronischen Husten, sondern auch durch eine zunehmende Atemnot bei Anstrengung, später sogar in Ruhe belastet. Durch die Erkrankung der Bronchien wird der Bluttransport zum Herz beeinträchtigt. Die Leistungsfähigkeit des Herzens nimmt ab.

NUX VOMICA

Intensive Hustenanfälle, Atemnot, Auswurf, gelblich-grauer, kalter Schleim, Nervosität

▲ kurzer Schlaf
▼ Kälte, Zugluft, Wind, Stress

ACONITUM

Chronische Entzündung mit akuter Atemnot, schneller Puls, viel Durst, Angst

► kalter Wind
▲ frische Luft und Ruhe
▼ warme Ställe, abends und nachts

HEPAR SULFURIS

Rasselnder Husten, zäher, gelber Auswurf, Atemnot

▶ Kältereize

▼ abends und nachts

 RHUS TOXICODENDRON

Quälende Hustenanfälle, klumpig, übel riechender Auswurf

▲ Wärme, Bewegung

▼ Kältereize

 PULSATILLA

Trockener, quälender Husten, morgendlicher, verstärkter Auswurf, weiß, schleimig, Atemnot

▲ frische Luft, leichte Bewegung, Trost

▼ nachts

BINDEHAUTENTZÜNDUNG

Wenn Zugluft, ein Fremdkörper oder Erreger die Bindehaut des Pferdeauges reizt, reagiert diese mit Schwellung und vermehrtem Tränenfluss. Das Pferd kann das
Auge nicht öffnen, reagiert empfindlich auf Licht und
hat Schmerzen. Um eine Verletzung der tieferen Struk-
turen des Auges auszuschließen, empfiehlt sich bei
dramatischen Beschwerden eine Untersuchung durch
den Tierarzt.

ACONITUM

Stadium 1

Hitze und Rötung des Auges, kaum Tränenfluss,
sehr lichtempfindlich, starke Schmerzen,
Hornhautverletzung, Angst, viel Durst
▶ scharfer Wind, Zugluft, Fremdkörper

BELLADONNA

Stadium 2

Hitze und Rötung des Auges, deutlicher Tränenfluss,
starke Schmerzen, Juckreiz, Auge sehr lichtempfindlich, große Reizbarkeit
▲ ruhige Umgebung
▼ Hitze

APIS

Bindehaut blass gerötet, Tränenfluss, Schwellung der
Augenlider und unter den Augen wie nach einem
Bienenstich

▲ kühle Luft, kalte Anwendungen
▼ Berührung

PULSATILLA

Eitriger, zäher, milder Ausfluss, reichlich, dick, gelb,
verklebte Augenlider morgens, Entzündung des
Lidrandes

▲ frische Luft, leichte Bewegung, Trost
▼ nachts

HEPAR SULFURIS

Ausfluss dick, eitrig, übel riechend,
Geschwüre der Lidränder, große Lichtempfindlichkeit

► Kältereize
▼ abends und nachts

SULFUR

Schwellung und Tumore der Augenlider, Tränenfluss,
Lidrand gerötet, verklebte Augenlider morgens

▲ frische Luft, trockenes, warmes Wetter
▼ innere Hitze ohne Schweiß

ARTHROSE

Hinter diesem Begriff verbirgt sich die Abnutzung des schützenden Knorpels in einem Gelenk. Durch ihn reiben die Knochen, die das Gelenk bilden, nicht gegeneinander, sondern die zwei Knorpelschichten berühren sich gleitend. Der Abbau des Knorpels ist im hohen Alter normal. Bei jüngeren Tieren entsteht er durch Überlastung, Mangelernährung, falsche Haltung, Fehlstellungen und verletzungsbedingt. Das Gelenk entzündet sich schmerzhaft durch das Aufeinanderreiben der Knochenenden (Arthritis), das Knochengewebe vermehrt sich, die Beweglichkeit des Gelenkes nimmt ab.

RHUS TOXICODENDRON
Lahmheit, steife Bewegungen
▲ Wärme, Bewegung
▼ erste Schritte, Überanstrengung, Ruhe, nass kaltes Wetter

HARPAGOPHYTUM
Lahmheit, steife Bewegungen
▲ Wärme, Ruhe
▼ Bewegung

BLUTERGÜSSE

Durch äußere Einwirkung auf den Körper (Stoß, Schlag, Tritt, Biss) werden die dünne Haargefäße im Bindegewebe zerstört, das Blut tritt in das Gewebe über und führt dort zu einer schmerzhaften Schwellung. Der Körper ist in der Lage, den Bluterguss selber abzubauen. Eine Unterstützung der Selbstheilungskräfte ist sinnvoll, wenn das Hämatom durch seine Lage und/oder Größe die Bewegungsmöglichkeiten des Pferdes einschränkt, nicht zurückgebildet wird und eine Tendenz zur Verkapselung zeigt.

 ARNICA

Als Unfallfolge, bei Quetschungen, durch Operationen
▲ Wärme, Ruhe
▼ Bewegung, Berührung

LACHESIS

Neigung zu Blutergüssen, kleine Wunden bluten stark
▲ warme Auflagen
▼ Hitze, leichte Berührung

GELENKENTZÜNDUNG

 ## ACONITUM

Stadium 1

stürmischer Beginn, Schwellung leicht, hellrot, glänzend, sehr schmerzhaft, Fieber, Atemnot, schneller Puls, Angst, viel Durst
▲ Ruhe
▼ Bewegung, abends und nachts

 ## BELLADONNA

Stadium 2

massive Schwellung mit großer Hitze, sehr schmerzhaft, Fieber, große Reizbarkeit
▲ ruhige Umgebung
▼ Hitze

 ## APIS

Massive, teigige, warme Schwellung, Dellen bleiben bei Druck mit dem Finger stehen, extrem berührungsempfindlich
▲ kühle Luft, kalte Anwendungen
▼ Berührung

 BRYONIA

Schwellung ohne Hitze, massive Lahmheit, Abneigung
gegen jede Bewegung, großer Durst
▲ absolute Ruhe
▼ Bewegung

HUFGESCHWÜR

HEPAR SULFURIS

Huf sehr schmerzhaft und berührungsempfindlich,
Pulsation am Kronrand tastbar

▲ Hufverband

HUFREHE

BELLADONNA

Stadium 2

Huf heiß, massiver Schmerz, Fieber, Schweißausbruch, große Reizbarkeit
▼ Hitze

ACONITUM

Stadium 1

stürmischer Beginn, Huf heiß, sehr schmerzhaft, Atemnot, schneller Puls, Fieber, Angst, viel Durst
▲ Ruhe
▼ abends und nachts

APIS

Massiver Schmerz, Benommenheit, durstlos, uriniert wenig
▲ KALTE ANWENDUNGEN

RÜCKENSCHMERZ

Der Schmerz der Wirbelsäule wird meist durch eine Verspannung der Muskulatur des Pferdes verursacht, selten durch eine Entzündung eines Nervs. Diese entsteht im Rahmen einer Durchnässung, durch Zugluft, schlechten Trainingszustand oder Überanstrengung.

RHUS TOXICODENDRON

Muskulatur verspannt, Bewegungseinschränkungen

▶ Unfall, kalte Nässe, Überanstrengung

▲ Wärme, andauernde Bewegung

▼ erste Schritte, Überanstrengung, Ruhe, nasskaltes Wetter

ARNICA

Schmerz in der Folge von Muskelverletzungen, Zerrungen, Blutergüssen

▶ Unfälle, Stürze, Zusammenstöße, Überanstrengung

▲ Wärme, Ruhe

▼ Bewegung, Berührung

NUX VOMICA

Muskulatur verspannt in Nackenbereich und Lendenwirbelsäule, Hochreißen des Kopfes, Lähmung und Schwäche in den Beinen

▲ kurzer Schlaf

▼ Kälte, Zugluft, Wind, Stress

ACONITUM

Plötzlich auftretende Steifigkeit und Schmerz in
der Halswirbelsäule, Schmerz strahlt aus in die
Lendenwirbelsäule
▶ Zugluft, fieberhafter Infekt, Angst
▲ Ruhe
▼ Bewegung, Berührung

BELLADONNA

Hochdramatische Symptomatik, grausame Schmerzen
mit taumelndem, unsicheren Gang, Vermeidung jeder
Lageänderung
▲ ruhige Umgebung
▼ kleinste Bewegung, Erschütterung

BRYONIA

Schmerz in Nackenbereich und Lendenwirbelsäule,
aggressive Reaktion auf Berührung, großer Durst
▲ absolute Ruhe
▼ Bewegung, Wärmeanwendungen

SEHNENREIZUNG

Eine schmerzhafte Überdehnung der Muskulatur oder der Gelenkbänder durch Vertreten, Überlastung, Sturz.

 ## APIS

Warme, aufgedunsene, massive Schwellung des Beines, sehr berührungsempfindlich

▲ Kühlpads, kaltes Wasser

▼ Berührung

 ## RHUS TOXICODENDRON

Wenig Schwellung und Wärme, deutliche Lahmheit

▶ Verstauchung, Überlastung

▲ Bewegung, Wärme

▼ Kältereize

ZERRUNG

Eine schmerzhafte Überdehnung der Muskulatur oder der Gelenkbänder durch Vertreten, Überlastung, Sturz.

 ## ARNICA

▲ Wärme
▼ Berührung

RHUS TOXICODENDENDRON

▲ Wärme, andauernde Bewegung
▼ erste Schritte, Überanstrengung

BRYONIA

▲ absolute Ruhe
▼ Bewegung, Wärmeanwendungen

OHRENENTZÜNDUNGEN, ÄUSSERLICHE

Durch z. B. Milben, Allergien, Infektionen, Ohrschmalz entzündet sich der äußere Gehörgang. Das Pferd schüttelt den Kopf und scheuert sich häufig.

PULSATILLA
Eitriger, zäher, milder Ausfluss, reichlich, dick, gelb
▲ frische Luft, leichte Bewegung, Trost
▼ nachts

HEPAR SULFURIS
Übel riechendes gelbes Sekret, eine schmerzhafte Entzündung, starke Empfindlichkeit auf Berührungen
► Kältereize
▼ abends und nachts

BELLADONNA
Ohrmuschel plötzlich entzündet, rot, geschwollen und heiß, sehr berührungsempfindlich
▲ ruhige Umgebung
▼ Hitze

SULFUR
Haut trocken, schuppig, hellrot, starker Juckreiz
▲ trockenes warmes Wetter, Bewegung, Schwitzen
▼ Wasseranwendungen

ABSZESS

Wir sprechen von einem Abszess, wenn Bakterien (z. B. durch einen Biss) in das Gewebe eindringen, sich dort massiv vermehren, Gewebe zerstören und das eiternde Gewebe vom Körper mit einer Kapsel abgegrenzt wird. Heilung kann entstehen, wenn die Kapsel sich öffnet und der Eiter abfließt.

HEPAR SULFURIS

Sehr schmerzhaft, gelblicher Eiter sichtbar, Lymphknoten in Abszessnähe hart, verdickt
▼ Berührung, kalte Anwendungen

ARNICA

Kein Eiterabfluss, Abszess schrumpft, ein Rest bleibt
▼ Berührung

APIS

Massive, glänzende Schwellung mit leichter Rötung, sehr berührungsempfindlich
▲ kalte Anwendungen
▼ Berührung

BELLADONNA

Schnelle Reifung des Abszesses, massive Schwellung mit intensiver Hitze, Rötung, sehr schmerzhaft, Fieber, große Reizbarkeit
▼ Wärme, Berührung

EKZEM

Eine Erkrankung der äußeren Hautschicht mit unterschiedlichen Ursachen, verschiedenartigen Hautausschlägen, meist mit Juckreiz und Schwellungen einhergehend. Ein chronischer Verlauf ist typisch.

RHUS TOXICODENDRON
Bläschenausschlag, bakteriell infiziert, Haut trocken, rau, rot, geschwollen, starker Juckreiz
▲ Wärme

HEPAR SULFURIS
Ausschlag feucht, mit Schorf, bakteriell infiziert
▼ Berührung, kalte Anwendungen

SULFUR
Schuppig, nässend, bakteriell infiziert, Haut rot, warm, heftigster Juckreiz
▲ trockenes, warmes Wetter, Bewegung
▼ innere Hitze, Wasseranwendungen

APIS
Massive, warme Schwellung, große Berührungsempfindlichkeit
▲ kalte Anwendungen
▼ Berührung

 BELLADONNA

Haut stark geschwollen, trocken, glänzend, heiß, rot, massiver Schmerz, Fieber, große Reizbarkeit

▲ ruhige Umgebung

▼ Wärme, Berührung

CALENDULA

Ausschlag infiziert, Haut wund, entzündet, schlechte Heilungstendenz

JUCKREIZ

 NUX VOMICA

Haut ohne auffallende Symptome

►Nervosität, Hektik, Stress

▲kurzer Schlaf

▼Kälte, Zugluft, Wind, Stress

 SULFUR

Haut, trocken, rau, ekzematös, sehr starker Juckreiz

▲frische Luft, trockenes warmes Wetter, Bewegung

▼innere Hitze, Wasseranwendungen

HEPAR SULFURIS

Haut trocken, rau, rot, Ausschlag, geschwollen, starker Juckreiz

▲Wärme

▼Berührung, kalte Anwendungen

LACHESIS

Haut blaurot verfärbt, infiziert, Ausbreitung der Entzündung, starker Juckreiz, große Unruhe

▲warme Auflagen

▼Berührung

MAUKE

BELLADONNA
Haut rot, heiß, geschwollen, ohne Krusten, massiver Schmerz, große Reizbarkeit
▼ Hitze

SULFUR
Chronischer Hautausschlag, stark schuppig, nässend, infiziert, heftiger Juckreiz
▲ frische Luft, warme Auflagen
▼ nach Schlaf, durch Hitze, leichte Berührung

HEPAR SULFURIS
Feuchte, eitrige, übel riechend Hautausschläge, sehr berührungsempfindlich
▼ Berührung, kalte Anwendungen
▲ Wärme

RHUS TOXICODENDENDRON
Hautausschlag mit Pusteln, eitrig, geschwollen, starker Juckreiz
▲ Wärme
▼ Kältereize

NESSELSUCHT

Eine Überreaktion des Körpers auf Nahrungsmittel, Medikamente u.a., die sich in einer Veränderung der Haut äußert, die mit ihren Quaddeln an eine Hautentzündung nach dem Kontakt mit Brennnesseln erinnert.

 APIS

Haut stark geschwollen, glänzend, warm und hellrot, große Berührungsempfindlichkeit, Fieber, Angst
▲ kalte Anwendungen
▼ Berührung

 RHUS TOXICODENDRON

Bläschenausschlag, Unterhaut deutlich geschwollen, gerötet, starker Juckreiz
▲ Wärme

 LACHESIS

Abgegrenztes Areal betroffen, schmerzhaft, starker Juckreiz
▲ warme Auflagen
▼ Berührung

WUNDE

HEPAR SULFURIS

Wunde infiziert, dickes, gelbes, übel riechendes
Sekret, die kleinsten Verletzungen eitern, schlechte
Heilungstendenz
▲ Wärme
▼ Berührung, kalte Anwendungen

CALENDULA

Wunde infiziert, gerissen, mit Substanzverlust,
schlechte Heilungstendenz

HERZSCHWÄCHE

Bei einer Herzschwäche ist die Pumpleistung des Herzmuskels akut oder chronisch eingeschränkt. Dadurch ist die Sauerstoffversorgung des Körpers vermindert und die Leistungsfähigkeit des Pferdes nimmt ab.

PULSATILLA
Schneller Puls und Atmung, große Schwäche
▶ drückende Hitze, stickige Räume
▲ frische Luft, leichte Bewegung, Trost
▼ nachts

ACONITUM
Akute Herzschwäche, hoher Puls, Atemnot, große Mattigkeit, evtl. Ohnmacht, Angst, viel Durst
▶ fieberhafter Infekt, Angst
▲ Ruhe
▼ Bewegung, Berührung

RHUS TOXIKODENDRON
Hoher Puls, Atemnot, große Unruhe
▶ Anstrengung, Kälte
▲ Bewegung, Wärme
▼ nasskaltes Wetter, Überanstrengung

ARNICA

Akute Herzschwäche, hoher Puls, Atemnot

▶ Verletzung, Schock, Unfall

▲ Wärme, Ruhe

▼ Bewegung, Berührung

ABWEHRSCHWÄCHE

Das Immunsystem des Pferdes kann sich nicht gut gegen Erreger zur Wehr setzen. Dadurch nimmt die Häufigkeit an Infekten zu, die länger andauern und mit hartnäckigen Symptomen einhergehen.

 PULSATILLA
Regelmäßige, sich langsam entwickelnde, eitrige Infekte
▶ Kälte, Nässe

 LACHESIS
Neigung zu sich aggressiv ausbreitenden Infektionen

SULFUR
Immunsystem durch häufige Antibiotikagaben und Impfungen geschwächt, Pferde haben struppiges Fell und unangenehmen Körpergeruch

CALENDULA
Eine Wunde des Pferdes, verletzte Haut neigt zu Infektionen

ALLERGIE

Eine überschießende Reaktion des Immunsystems auf normalerweise harmlose Stoffe (z. B. Getreide und Gräser) mit Symptomen an unterschiedlichsten Organsystemen.

RHUS TOXICODENDRON

Allergischer Hautauschlag, kleine, wassergefüllte Bläschen, Haut geschwollen, rot, starker Juckreiz
▲ Bewegung, Wärme
▼ Kältereize

APIS

Massive, allergische Schwellung des Gewebes, warm, hellrot, große Berührungsempfindlichkeit
► Insektenstiche (Bremsen, Kribbelmücken etc.)
▲ kalte Anwendungen
▼ Berührung

PULSATILLA

Allergisches Asthma, anfallsweise Atemnot und Schnupfen
▲ frische Luft, leichte Bewegung, Trost
▼ nachts

SULFUR

Allergischer Hautausschlag, Haut rot, warm, schuppig, nässend, bakteriell infiziert, sehr starker Juckreiz

►Insektenstiche (Flöhe, Kribbelmücken etc.), Futtermittel

▲frische Luft, trockenes, warmes Wetter, Bewegung

▼Wasseranwendungen

NUX VOMICA

Allergische Symptome des Magendarmtraktes, Durchfall, Erbrechen, Bauchkrämpfe

►Nahrungsmittel

▲kurzer Schlaf

▼Stress

FIEBER

 BELLADONNA

Stadium 2

große Reizbarkeit
▲ ruhige Umgebung
▼ Hitze

 ACONITUM

Stadium 1

stürmischer Beginn, Atemnot, schneller Puls, Fieber,
Angst, viel Durst
► Kalter Wind
▲ frische Luft, Ruhe
▼ warme Räume, abends und nachts

 RHUS TOXICODENDRON

Schüttelfrost, Atemnot
► Kältereize
▲ Wärme, Bewegung
▼ nasskaltes Wetter, Überanstrengung

DURCHFALL

 SULFUR

Chronischer morgendlicher übel riechender Durchfall im Wechsel mit Verstopfung

▲ warmes Wetter

 NUX VOMICA

Mit Schleim, nach Infektionen

► Futterwechsel, Stress

▲ kurzer Schlaf

▼ Stress

PULSATILLA

Wechselnde Konsistenz, schleimig

► frische Luft, leichte Bewegung, Trost

▼ nachts

GASTRITIS

Eine Entzündung der Schleimhaut des Magens, die mit Schmerz und Appetitlosigkeit einhergeht. Auslöser können z. B. Stress sein, Fehlernährung, Magendarm-Viren.

 ## NUX VOMICA

Hohe Schmerz und Druckempfindlichkeit, Wechsel zwischen Heißhunger und Appetitlosigkeit
► Futterwechsel, Stress
▲ kurzer Schlaf
▼ Stress

 ## PULSATILLA

Wenig Durst
► Fütterungsfehler
▲ frische Luft, leichte Bewegung, Trost
▼ nachts

KRÄMPFE/KOLIK

Schmerzzustände, die im Bauchraum des Tieres lokalisiert sind, können unterschiedlichste Ursachen haben, harmlos sein oder lebensgefährlich. Deshalb muss das Pferd auf jeden Fall einem Tierarzt vorgestellt werden. Bis zum Beginn der Behandlung kann das Tier durch die Gabe homöopathischer Mittel unterstützt werden.

BELLADONNA
Extremer Schmerz, große Reizbarkeit, tobt, rennt hin und her, reagiert unberechenbar
► Anstrengung
▲ ruhige Umgebung
▼ Hitze

NUX VOMICA
Krampfkolik
► Aufregung, Überfressen, kaltes Wetter
▲ kurzer Schlaf
▼ Kälte, Zugluft, Wind, Stress

 ACONITUM

Erste Kolikanzeichen, sehr schmerzhaft, Atemnot, schneller Puls, Angst, viel Durst

► kalter Wind

▲ frische Luft, Ruhe

▼ warme Räume, abends und nachts

LACHESIS

Sehr schmerzhafte Kolik, aufgeblähter Bauch, Schwitzen, Herzrasen, drohender Kollaps, heftige Aggressionen, gefährliche Angriffe

► warme Auflagen

▼ Schlaf, Hitze, Berührung

LEBERSCHWÄCHE

Erreger, Giftstoffe, Medikamente oder andere Substanzen gelangen mit dem Blut in die Leber und führen dort auf Dauer zu dem Abbau von Zellen, wodurch die Leistungsfähigkeit des Organs eingeschränkt wird.

 LACHESIS
Akute, chronische Erkrankungen, Apathie, Abmagerung, Bindehäute zeigen gelbe oder orangene Farbe
▲ frische Luft, warme Auflagen
▲ Schlaf, Hitze, leichte Berührung

NUX VOMICA
Schädigung der Leber
▶ Giftstoffe in der Nahrung, verdorbenes Futter, Medikamente, andere Toxine

ENTGIFTUNG

Im Bereich der Naturheilkunde beschreibt der Begriff eine Reinigung des Körpers von schädlichen Stoffen (Medikamentenrückstände, Farb- und Konservierungsstoffe, Umweltgifte etc.) durch eine Aktivierung der wichtigen Ausscheidungsorgane Leber, Niere und Darm.

NUX VOMICA

Nach Wurmkuren, Narkose, Antibiotikagaben, schädlichem Futter

SULFUR

Regt die Toxinausscheidung über Leber, Niere, Darm an, entlastet durch die Entgiftung die erkrankte Haut

VERGIFTUNG

Giftige Substanzen (Giftpflanzen etc.) gelangen meist durch den Verdauungstrakt in den Blutkreislauf des Tieres. Bereits bei Verdacht kann der Besuch einer Tierklinik lebensrettend sein.

 ## NUX VOMICA

Schädigung des Magendarmtraktes, der Leber
▶ Giftstoffe in der Nahrung, verdorbenes Futter, Medikamente, andere Toxine

AGGRESSIVITÄT

 ## LACHESIS

▶ unbegründete Eifersucht, großes Misstrauen, Dominanz des Halters,
▲ frische Luft, warme Auflagen
▼ nach Schlaf, durch Hitze, leichter Berührung

ANGST

NUX VOMICA

Das Pferd ist nervös, steht unter Stress, Daueranspannung

▶ traumatische Erinnerungen, Männer, Alleinsein, unangenehme Geräusche

BELLADONNA

Das Tier wird von der Krankheit überrascht, ist unvorbereitet massiv krank, großer Schmerz, schlechtes Allgemeinbefinden

▲ ruhige Umgebung

ACONITUM

Heftige Ängste, viel Durst, das Pferd ist nicht ansprechbar, nicht zu beruhigen

▶ Schüsse, Knallkörper, Unfälle

▲ frische Luft, Ruhe

▼ warme Räume, abends und nachts

PULSATILLA

Wirkt nach außen ruhig, ist aber oft angespannt, große Anhänglichkeit, sanftes Pferd mit schwachem Selbstbewusstsein

▶ Alleinsein

▲ frische Luft, leichte Bewegung, Trost

▼ nachts

LEISTUNGSSCHWÄCHE/ MÜDIGKEIT

LACHESIS

Apathie, Allgemeinbefinden stark beeinträchtigt

▶ Lebererkrankung

▲ frische Luft

▼ Schlaf

NERVOSITÄT

RHUS TOXICODENDRON

Extreme Ruhelosigkeit, kann sich nicht entspannen, will sich immer bewegen, große Unruhe nachts

▲ Bewegung

▼ Ruhe

SCHOCK

Das Pferd ist durch einen großen Schreck, einen Unfall wie erstarrt, da sein Gehirn das Erlebte nicht einordnen kann. Es benötigt Zuspruch und Ruhe, um das Ereignis verarbeiten zu können.

ARNICA

Will sich nicht anfassen lassen, möchte seine Ruhe haben, sich hinlegen

▶ Verletzung, Schock, Unfall

▲ Wärme, Ruhe

▼ Bewegung, Berührung

SONNENSTICH

Durch langandauernde, intensive Sonneneinstrahlung auf den Schädel des Pferdes kommt es zu einer Überhitzung der Hirnhaut und des Hirngewebes

 ## ACONITUM

Stürmischer Beginn, sehr schmerzhaft, Atemnot, schneller Puls, Fieber, Angst, viel Durst

▲ frische Luft, Ruhe

▼ warme Ställe, abends und nachts

 ## APIS

Große Unruhe, Angst, Schüttelfrost, Schwäche, sehr berührungsempfindlich

▲ kühle Luft, kalte Anwendungen

▼ Berührung

 ## BELLADONNA

Sehr schmerzhaft, Fieber, Schweißausbruch, große Reizbarkeit

▲ ruhige Umgebung

▼ Hitze

ANHANG

Potenz D6, D12

Bitte wende bei Deinem Pferd die homöopathischen Mittel ausschließlich in der Verdünnungsstufe D6, D8, D10 oder D12

Pro Gabe gibst Du je nach Gewicht des Pferdes

10 – 15 Tropfen
10 – 15 Globuli
4 Tabletten

Hoch akute Symptome

Beschwerden neu (wenige Minuten/Stunden, höchstens 1 – 2 Tage), Gabe alle 15 Minuten, später Reduzierung auf eine Gabe pro Stunde.

Akute Symptome

Beschwerden bestehen seit 3 – 14 Tagen.
Das Mittel wird 4 – 5-mal täglich gegeben.

Subakute Symptome

Beschwerden sind seit 2 – 4 Wochen vorhanden.
Das Mittel wird 2 – 3-mal täglich gegeben.

Chronische Symptome

Beschwerden sind seit mindestens vier Wochen vorhanden. Das Mittel wird 2 – 3-mal täglich gegeben. Später wird die Dosis auf einmal täglich reduziert.

Falls auf Dein Pferd die Beschreibungen verschiedener Mittel und Symptome zutreffen, kannst Du diese kombiniert verabreichen.

Die Darreichungsform der Globuli eignet sich gut für Pferde, da sie keinen Alkohol enthalten und problemlos in Kombination mit einer kleinen Futtermenge oder pur von dem Tier akzeptiert werden. Ob sie vor oder nach einer Mahlzeit angeboten werden, ist ohne Bedeutung.

Falls der Tierarzt Medikamente verordnet hat, empfiehlt es sich nicht, diese ohne Absprache mit ihm abzusetzen oder zu reduzieren.

Haftungsausschluss

Das Buch 15 Freunde – Die fünfzehn großen homöopathischen Mittel für das Pferd ist ausschließlich zu Informationszwecken gedacht. Es liefert Informationen auf der Basis homöopathischen Grundlagenwissens. Als Verfasserin garantiere ich jedoch nicht dafür, dass diese vollständig, aktuell, fehlerfrei oder einer speziellen homöopathischen Lehrmeinung entsprechend korrekt sind.

Die Informationen stellen weder eine Empfehlung oder eine Werbemaßnahme für ein bestimmtes Homöopathika noch für eine Behandlung einer Krankheit oder Beschwerde dar, es werden allenfalls denkbare Möglichkeiten aufgezeigt. Es handelt sich dabei in keinem Fall um ein Wirksamkeitsversprechen.

Die Autorin haftet grundsätzlich nicht für die durch den Einsatz der aufgelisteten Substanzen entstandenen Personen- oder Sachschäden.

Ich mache ausdrücklich darauf aufmerksam, dass die hier dargestellten Informationen auf nicht wissenschaftlich und schulmedizinisch anerkanntem beziehungsweise bewiesenem Wissen basieren.

Besonders bei ernsthaften Erkrankungen muss in jedem Fall zusätzlich zu der Gabe eines homöopathischen Mittels umgehend eine Behandlung durch einen Tierarzt erfolgen.

Zeitfracht Medien GmbH
Ferdinand-Jühlke-Straße 7
99095 Erfurt, Deutschland
produktsicherheit@kolibri360.de